어린이를 위한

미래 수업

초판 1쇄 발행 | 2021년 8월 2일

글 이정호 | 그림 김잔디

펴낸이 최현희
기획 이선일 | 편집 조설휘 | 디자인 김민정

펴낸곳 도서출판 푸른날개
출판등록 제 131-91-44275
주소 인천시 연수구 샘말로 62번길 9
전화 032)811-5103
팩스 032)232-0557, 032)821-0557
E-mail bluewing5103@naver.com

글 ⓒ 이정호 2021 | 그림 ⓒ 김잔디 2021
이 책의 저작권은 저자와 출판사에 있습니다.
서면에 의한 저자와 출판사의 허락 없이 내용의 일부를 인용하거나 발췌하는 것을 금합니다.

ISBN 978-89-6559-262-4 (74190)
978-89-6559-237-2 (SET)
값 10,000원

* 잘못된 책은 구입하신 곳에서 바꿔드립니다.

어린이를 위한
미래 수업

이정호 글 | 김잔디 그림

미래 수업 참여 방법

'4차 산업혁명 시대'란 말을 들어 봤을 거예요. 미래에는 사람과 사람뿐 아니라 사람과 사물, 사물과 사물이 연결되고 사물이 사람과 비슷한 지능이 갖게 될 거라는 말이에요. 지금까지 겪어 보지 못한 아주 큰 변화라고 할 수 있지요.

『어린이를 위한 미래 수업』은 앞으로 다가올 미래에 관해 알아보고, 나의 미래를 꿈꾸도록 돕는 책이에요. 지금의 일상생활, 자연환경, 경제, 사회, 과학 기술, 세계가 어떻게 변할지 생각해 보게 해요. 그래서 지금보다 더 나은 세상을 실현할 수 있도록 이끌어요.

미래는 아직 오지 않은 때예요. 그러나 반드시 오는 때죠. 세상을 다시 그린다는 생각으로 이 책을 읽으면 좋겠어요. 미래는 조금씩 우리에게 다가오고 있어요.

이정호 선생님이.

미리 들여다본 미래 사회   미래 모습이나 기술에 대한 설명

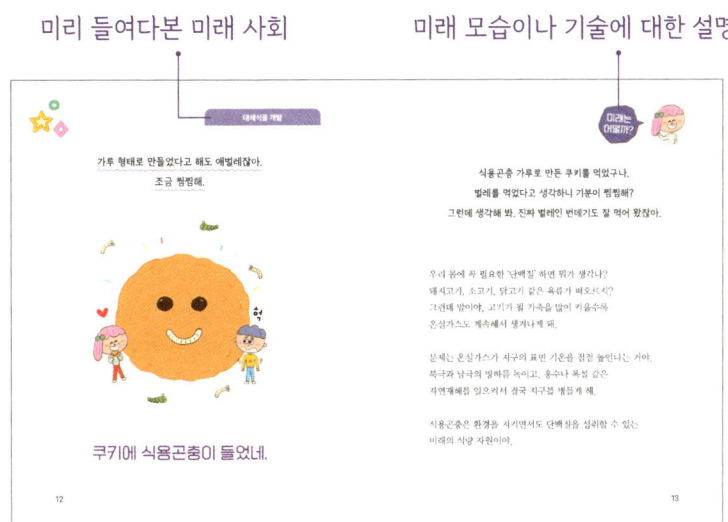

현재 일상에서 찾은 미래   내가 예측하는 미래

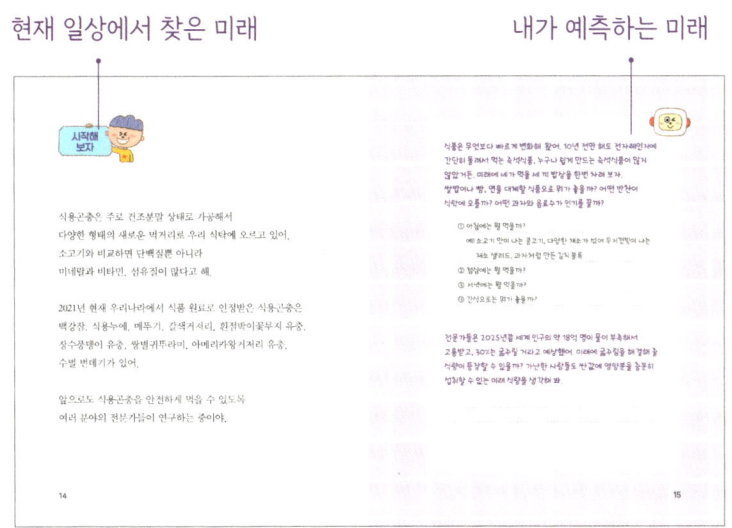

차례

미래 수업 참여 방법 · 8

쿠키에 식용곤충이 들었네 · 12
사물도 인터넷을 해 · 16
차와 비행기가 스스로 움직여 · 20
로봇이 집안일을 하니 편해 · 24
나쁜 짓은 생각하지도 마 · 28
언제 어디서나 건강을 관리해 · 32
굶주리는 북극곰을 살려 줘 · 36
바다는 생명의 어머니야 · 40

개똥도 에너지가 돼 · 44
한 번 쓰고 버리자니 아까워 · 48
마스크 벗을 날을 기다려 · 52
숲은 산소 생산공장이야 · 56
동전과 지폐가 사라진다면… · 60
말 한마디면 상품 주문 끝! · 64
첨단 농법으로 풍년을 기대해 · 68
내 꿈은 기술윤리 변호사야 · 72

누구나 매달 돈을 받는다고? · 76

3D 프린터로 물건을 만들어 · 80

차별의 벽을 치우자 · 84

여전히 약한 이들이 있어 · 88

아이는 줄고 어르신은 늘고… · 92

나는 당당한 주권자야 · 96

공유하면 훨씬 평등해져 · 100

여럿이 함께 어울리자 · 104

컴퓨터가 사람처럼 되면? · 108

어디에 사람이 몰리는지 알지 · 112

여기는 어디? 나는 누구? · 116

비밀번호 대신 눈동자를 보여 줘 · 120

뇌에 컴퓨터를 연결한다고? · 124

아픈 부위의 유전자만 잘라 내 · 128

지구 밖 쓰레기를 청소하자 · 132

우주선을 타고 화성으로! · 136

우리의 미래는 어떻게 펼쳐질까? · 140

대체식품 개발

가루 형태로 만들었다고 해도 애벌레잖아.
조금 찜찜해.

쿠키에 식용곤충이 들었네.

식용곤충 가루로 만든 쿠키를 먹었구나.

벌레를 먹었다고 생각하니 기분이 찜찜해?

그런데 생각해 봐. 진짜 벌레인 번데기도 잘 먹어 왔잖아.

우리 몸에 꼭 필요한 '단백질' 하면 뭐가 생각나?
돼지고기, 소고기, 닭고기 같은 육류가 떠오르지?
그런데 말이야, 고기가 될 가축을 많이 키울수록
온실가스도 계속해서 생겨나게 돼.

문제는 온실가스가 지구의 표면 기온을 점점 높인다는 거야.
북극과 남극의 빙하를 녹이고, 홍수나 폭설 같은
자연재해를 일으켜서 결국 지구를 병들게 해.

식용곤충은 환경을 지키면서도 단백질을 섭취할 수 있는
미래의 식량 자원이야.

식용곤충은 주로 건조분말 상태로 가공해서
다양한 형태의 새로운 먹거리로 우리 식탁에 오르고 있어.
소고기와 비교하면 단백질뿐 아니라
미네랄과 비타민, 섬유질이 많다고 해.

2021년 현재 우리나라에서 식품 원료로 인정받은 식용곤충은
백강잠, 식용누에, 메뚜기, 갈색거저리, 흰점박이꽃무지 유충,
장수풍뎅이 유충, 쌍별귀뚜라미, 아메리카왕거저리 유충,
수벌 번데기가 있어.

앞으로도 식용곤충을 안전하게 먹을 수 있도록
여러 분야의 전문가들이 연구하는 중이야.

식품은 무엇보다 빠르게 변화해 왔어. 10년 전만 해도 전자레인지에 간단히 돌려서 먹는 즉석식품, 누구나 쉽게 만드는 즉석식품이 많지 않았거든. 미래에 네가 먹을 세 끼 밥상을 한번 차려 보자. 쌀밥이나 빵, 면을 대체할 식품으로 뭐가 좋을까? 어떤 반찬이 식탁에 오를까? 어떤 과자와 음료수가 인기를 끌까?

① 아침에는 뭘 먹을까?
　예) 소고기 맛이 나는 콩고기, 다양한 채소가 섞여 무지갯빛이 나는 채소 샐러드, 과자처럼 만든 김치 블록
② 점심에는 뭘 먹을까?
③ 저녁에는 뭘 먹을까?
④ 간식으로는 뭐가 좋을까?

전문가들은 2025년쯤 세계 인구의 약 18억 명이 물이 부족해서 고통받고, 30%는 굶주릴 거라고 예상했어. 미래에 굶주림을 해결해 줄 식량이 등장할 수 있을까? 가난한 사람들도 싼값에 영양분을 충분히 섭취할 수 있는 미래 식량을 생각해 봐.

_____
_____
_____

사물 인터넷

벌써 약 먹을 시간이네.
약병에서 삐삐삐 알람 소리가 나.

사물도 인터넷을 해.

저런, 감기에 걸렸구나.
감기약은 밥 먹고 30분 지난 다음 먹어야 하잖아.
약병이 인터넷에 연결되어 있으니 깜빡 잊어버릴 일은 없겠다.

이미 냉장고, 세탁기, 자동차 등 각종 사물이
인터넷에 연결되어 있어.
냉장고 속 음식 재료로 어떤 음식을 만들 수 있는지 알려 주고,
세탁기는 빨랫감에 따라 세탁 방법을 결정하지.

또 인터넷에 연결된 사물들은 스스로 작동할 수도 있어.
"날씨가 갑자기 추워졌으니 집에 도착하기 30분 전에
보일러 틀어 줘."라고 집 밖에서 지시하면
집 안의 보일러가 알아서 작동하는 거지.

요즘 새로 짓는 아파트를 보면
스마트폰으로 방 안 조명을 켜고 끌 수 있어.
엘리베이터를 미리 부르고, 가스 밸브를 잠글 수 있지.
방마다 온도를 설정하여 냉난방을 할 수 있고,
누가 우리 집에 찾아왔는지도 확인할 수 있어.

정말 손가락 하나만으로
각종 전자기기를 조종할 수 있게 된 거야.

어떤 사물까지 인터넷을 하게 될까?
설마 필통도?

인터넷의 가장 큰 단점은 해킹당하기 쉽다는 거야. 해킹은 컴퓨터 통신망을 통해 남의 컴퓨터에 무단으로 침입한 뒤 거기에 담긴 정보나 프로그램을 마구잡이로 이용하고 바꾸는 못된 짓이지. 아무리 보안을 강화해도 불법을 일삼는 해커들이 강력한 보안을 뚫곤 해. 사물 인터넷이 나날이 발전하면 분명히 보안 문제가 생길 거야. 어떤 문제가 생길까? 세 가지만 써 보자.

예) 지시하지 않았는데 보일러가 꺼져서 밤새 오돌오돌 떨 것 같다.

네가 가진 물건 중에 인터넷에 연결되면 좋을 물건을 떠올려 봐. 그 물건이 인터넷에 연결되면 어떤 일을 하게 될까?

예) 필통 - 필통이 알아서 뭉뚝해진 연필을 깎아 준다.

자율주행 자동차와 드론

지금은 푸른 바다로 여행 가는 중.
운전대가 저절로 돌아가네.

차와 비행기가 스스로 움직여.

먼 길을 운전할 때 졸음이 쏟아지면 큰일이야.
물론 잠시 쉬었다 가면 돼. 그런데 급히 가야 한다면?
그때 필요한 것이 바로 자율주행 기능이지.

운전할 때는 신경 써야 할 게 참 많아.

손은 운전대를 잡고,
발은 가속 페달과 브레이크 페달을 밟아야지.
두 눈은 앞을 봐야 할 뿐 아니라,
때로는 옆도 보고 뒤도 봐야 해.
차선을 따라 안전하게 주행해야 하고,
갑자기 사람이 뛰어나오면 즉시 멈춰야지.

이 모든 걸 알아서 하는 게 자율주행이야.

드론도 마찬가지야.
이미 드론 택배를 시작한 나라가 있어.
조금씩 하다 보면 언젠가 많은 나라에서 이용하겠지.
머지않아 집마다 드론 이착륙장이 생기지 않을까?

택배차가 점점 사라지고
작은 비행기들이 떠다닐 모습을 상상하면 아찔하기도 해.
자칫 잘못하다 하늘에서 떨어져서
사람을 다치게 할 수도 있으니까 말이야.

자율주행 자동차든 드론이든 가장 중요한 건 안전이야.

네가 자동차와 드론을 설계하는 사람이라면 어떤 기능을 담고 싶어?
미래의 자동차와 드론에 네가 생각하는 첨단 기능을 넣어 보자.

<미래의 자동차>

<미래의 드론>

아래 물음에 답해 보자.

① 자율주행 자동차가 학교 주변에서 일어나는 어린이 교통사고를 줄여 줄 수 있을까?

② 자율주행 자동차가 갑자기 고장 나면 어쩌지?

③ 드론이 힘들게 일하는 택배기사님을 편하게 해 줄 수 있을까?

④ 드론이 물건을 배달하면 택배기사님은 어떤 일을 하게 될까?

휴머노이드 로봇

우리 집 공기 담당 로봇 이름은 깔끔이야.
어떤 미세먼지도 가만두지 않아.

로봇이 집안일을 하니 편해.

사람 손이 닿지 않는 구석의 먼지까지
없애 주는 로봇이라면 환영받을 것 같아.
알아서 공기를 깨끗하게 해 준다면 더욱 좋겠지.

사람을 닮은 로봇,
공상과학영화에서만 볼 줄 알았는데 우리 집에 와 있네.

부드러운 인상이라서 낯설게 느껴지지 않아.
다섯 손가락도 사람처럼 자유롭게 움직이고 말이야.
무엇보다 말을 잘 듣고, 말을 하지 않아도 알아서 척척 하니
얼마나 기특한지 몰라.

많은 이들이 고된 집안일에서 벗어났다며 기뻐하고 있어.

사람 모습이 아니라는 것만 빼면
로봇은 이미 제품을 만드는 공장에서 널리 쓰이고 있어.
사람의 지시에 따라 자기 일을 충실히 수행하지.

과학자들은 스스로 문제를 인식하고 판단하여 해결하는
지능을 가진 로봇을 개발하고 있어.
사람과 대화도 하고 리듬에 맞춰 흥겹게 춤추는 로봇,
곧 인공지능을 가진 로봇과 함께 생활하게 될 거야.

로봇이 어디까지 진화할지 눈여겨보자.

미국의 컴퓨터 과학자 빌 조이는 로봇 개발을 좋지 않게 생각해. 지능을 가진 로봇이 마구 복제되고 자신을 방어하게 되면 결국 인간에게 대들게 될 거라는 거야. 컴퓨터와 로봇이 인간을 지배하는 세상이 올 수 있다고 보는 거지. 네 생각은 어때? 아래의 물음에 답해 보자.

① 집안일을 해 주는 로봇이 나온다면 사고 싶어?
_____

② 장애를 입은 사람에게 로봇은 어떤 역할을 할 수 있을까?
_____

③ 반려동물처럼 반려 로봇도 생길까?
_____
_____

네가 만들고 싶은 로봇이 있다면 어떤 로봇이야?

예) 무거운 짐을 날라 주는 로봇, 바깥쪽 창문을 닦아 주는 로봇
_____
_____

공공 안전과 사생활 보호

뭐지? 전화 금융사기인가? 잘못 걸렸어!
자동으로 신고될 테니.

나쁜 짓은 생각하지도 마.

아직도 보이스피싱을 일삼는 못된 사람이 있구나.
그런 것쯤은 사기꾼 목소리 감지 앱으로
쉽게 알아차릴 수 있는데….

과학 기술이 발전을 거듭할수록 범죄의 모습은 다양해져.
옛날에는 남의 물건을 직접 훔치거나
사람을 다치게 하는 범죄가 잦았어.
지금은 교묘한 수법으로 남의 재산을 가로채려고 하지.

거리 곳곳에 설치된 감시 카메라는
범죄를 줄여 주는 데 큰 도움이 돼.
또 지금까지 쌓아 온 범죄 관련 데이터로
범죄를 예방할 수도 있지.

완전 범죄를 꿈꾼다고?
헛꿈 꾸지 마.

그런데 감시 장치가 많아지면 불안감을 느끼기도 해.
아무런 잘못도 하지 않았는데
괜히 감시당한다는 생각이 들어서지.

또 범죄를 예방한다는 이유로
개인정보나 사생활이 노출되기도 해.

지금도 개인정보를 너무 많이 요구해서 문제가 생기잖아.
모르는 데서 전화가 오고,
이메일이 해킹당하는 일은 이런 이유로 일어나.

범죄를 막고 사생활도 지킬 방법을 찾아보자.

'가짜 뉴스'라고 들어 봤지? 있지도 않은 사실을 있다고 하는 것, 사진을 합성해서 진짜인 것처럼 꾸미는 것, 숫자를 조작해서 이득을 보려는 것 모두 가짜 뉴스야. 가짜 뉴스는 사회 관계망 서비스(SNS)를 통해 빠르게 전파되어 사회에 큰 영향을 미쳐. 사람들의 눈과 귀를 가리는 몹시 나쁜 범죄라고 할 수 있지. 가짜 뉴스에 속지 않으려면 어떤 방식으로 대처해야 할까? 세 가지를 써 봐.

예) 가짜 뉴스인지 아닌지 인터넷으로 검색해 본다.

① _____
② _____
③ _____

_____

네가 미래에 경찰관이 된다면, 어떤 방식으로 범인을 잡을지 생각해 봐. 범죄 현장에서 어떤 도구를 사용하여 범행 증거(지문, 머리카락 등)를 찾을지, 찾아낸 정보로 어떻게 범인을 잡을지 말이야.
범인을 잡으러 갈 때는 무엇을 타고 갈지,
범인을 잡을 때 어떤 도구를 쓸지도 생각해 봐.

_____
_____
_____

디지털 건강관리

몸에 비타민D가 부족하다고 하네.
밖에 나가 햇볕을 쬐어야겠어.

언제 어디서나 건강을 관리해.

병원에 가지 않아도 네 몸 상태를 알려 주니 걱정 없겠다.

날씨가 춥다고 집에만 있지 말고

햇볕을 받으며 자연을 느껴 봐.

아프면 병원에 가서 의사 선생님께 진찰을 받아야 하잖아.
이제는 스마트폰을 이용해서 환자가 의사를 만날 수 있어.

시간과 공간에 구애되지 않고
원하는 때에 의료 서비스를 주고받는 거지.

또 의료 관련 앱으로 내 몸 상태를 바로 알 수도 있어.
혈압과 맥박 측정은 기본 중의 기본!
심장에서 뿜어져 나온 피가 잘 돌고 있는지,
부족한 영양소는 없는지 친절하게 알려 준다고.

병원에서 진료가 끝나면 처방전을 주잖아.
약 이름이 쓰인 종이를 들고 약국에 가면
약사 선생님이 약을 주지.
그 종이 처방전이 전자 처방전으로 대체되고 있어.

환자가 의사와 전화로 상담하고 나면,
처방전이 온라인으로 약국에 보내지는 거야.

큰 병원이라면 환자가 많아 오히려 병이 옮을 수 있으니
효과 있는 방법이라고 할 수 있어.

언제 어디서든 내 건강 상태를 체크하고 제때 의료 서비스를 받을 수 있다니 얼마나 좋겠어! 그런데 말이야, 부작용도 생길 수 있어. 각종 전자 장비에 의존하다 보니 오류가 나면 잘못된 정보를 받을 수 있거든. 네가 생각하는 부작용을 세 가지만 써 보자.

예) 갑자기 전기가 나간다면 큰 문제가 생길 것 같다.

① _____

② _____

③ _____

_____

30~40년 후 미래의 병원 모습은 어떨까? 감기 걸렸을 때 갔던 동네 병원을 떠올리면서 미래의 병원 모습을 그림으로 그려 봐.

지구 온난화와 기후변화

지구의 기온이 또 올라갔다고 해. 어떡하지?
북극곰이 점점 사라져 가는데….

굶주리는 북극곰을 살려 줘.

지구가 더워져서 빙하가 빨리 녹으면
북극곰은 먹이를 구하기가 점점 어려워질 거야.
지금 북극곰은 멸종 위기 동물이야.

지구 온난화를 막기 위해 세계 여러 나라가 노력하고 있어.
석유나 석탄 같은 화석연료를 완전히 대체할
새로운 에너지원을 개발하고 있지.
석유를 사용하지 않는 전기자동차와 수소자동차도
많이 보급하는 중이야.

탄소를 줄여야 지구 온난화를 막을 수 있다는 걸 알고
실생활에서 실천하는 사람들도 점점 늘고 있어.

아직 갈 길이 멀긴 해도
북극곰을 살리려는 노력은 계속되고 있어.

해마다 지구촌 곳곳은
불볕더위와 폭우, 홍수와 산사태,
가뭄으로 인한 산불과 사막화,
극심한 한파와 폭설을 겪고 있어.

자연재해는 점점 더 잦아져서
최첨단 기상 장비로도 예측하기 어려워지고 있지.
그러다 보면 사람이 살기조차 어려워질 만큼
생태계가 망가지게 될지도 몰라.

이대로 두고만 볼 수는 없잖아.
음식물 쓰레기 줄이기 등 작은 일부터 당장 시작해 보자.

기후가 변화하는 걸 막는 방법으로 '음식물 쓰레기 줄이기'가 있어.
어떻게 줄여야 할까? 곰곰이 생각해 보면 방법이 떠오를 거야.
세 가지를 써 보자.

예) 먹을 만큼만 덜어 먹기
① _____
② _____
③ _____

소와 돼지 등 식용 가축을 기르는 과정에서 많은 양의 메탄가스가
발생해. 메탄가스는 지구 온난화의 주범이지. 메탄가스는 자동차가
내뿜는 이산화탄소보다 86배나 더 해롭다고 해. 우리가 고기 먹는 걸
줄인다면 지구 온난화를 막을 수 있을까? 채소보다 고기를 더 좋아하는
사람이 늘고 있는데 어떻게 하면 좋을까?

바다 산성화와 생물 다양성

마트에 갔더니 조개 파는 곳이 사라졌어.
무슨 일이 일어난 거야?

바다는 생명의 어머니야.

몸에 좋고 맛도 좋은 조개를 왜 안 팔게 되었을까?

바다에 무슨 일이라도 생긴 걸까?

큰일이 아니면 좋겠어.

바다는 참 고마운 일을 해.
육지에서 생기는 이산화탄소의 3분의 1을 빨아들여서
지구 온난화를 늦추거든.

땅 위의 사람이나 동물에게는 좋은 일이지만,
문제는 바다가 산성화한다는 거야.

바다의 산성 정도가 높아지면
바다 생태계의 뿌리인 플랑크톤을 만들지 못하게 돼.
결국 플랑크톤을 먹고 사는 조개류는 점점 줄어들지.
조개를 먹지 못하는 날이 올 수도 있다는 말이야.

넓고 푸른 바다에 무슨 문제가 있나 싶다고?
바닷속은 나날이 오염되고 있어.
다양한 생물이 있어야 할 곳에
미세 플라스틱 알갱이가 가득 들어차 있거든.

바다 생물은 그 플라스틱 알갱이를 먹이로 착각해서 먹고,
사람은 그 생물을 잡아 식탁에 올리지.

'플라스틱 바다',
결국 그 피해는 사람이 고스란히 겪게 돼.

생명의 바다를 지켜 낼 방법은 없을까?

바다 위를 둥둥 떠다니는 스티로폼이나 페트병을 본 적이 있을 거야. 바다에 놀러 간 사람들이 아무렇게나 버린 플라스틱 쓰레기는 바다를 아프게 해. 또 플라스틱 알갱이가 들어 있는 제품도 하수구를 통해 바다로 흘러 들어가지. 바다가 오염되면 결국 인간도 병들게 돼. 바다를 깨끗하게 할 방법으로 뭐가 있을까?

예) 바닷가에 갈 때 일회용품 가지고 가지 않기

모든 생명의 어머니인 바다가 오염된다면 사람을 비롯한 생명의 장래는 어두워질 거야. 바다가 없으면 지구는 살아남을 수 없어. 밝은 미래를 바란다면 반드시 오염된 바다를 살려야 해. 다양한 바다 생물이 어울려 사는 바닷속 풍경을 그림으로 그려 보자.

화석연료와 친환경 에너지

강아지 응가를 모아서 보내달라는 문자를 받았어.
어디에 쓰려는 거지?

개똥도 에너지가 돼.

'개똥도 약에 쓰려면 없다.'라는 속담이 있어.
물론 개똥은 약으로 쓸 수 없어.
하지만 에너지로 바꿀 수는 있지.

강아지와 함께 공원을 산책하던 사람들이
뭔가가 든 봉지를 들고 어떤 특수 장치 앞으로 가고 있어.
그곳에서 사람들이 관리자에게 건네준 건 바로 개똥!

그 공원은 개똥으로 만든 전기로 가로등을 켜.
어떻게 되는 거냐고?

개똥을 특수 장치에 넣으면 메탄가스로 변하기 때문이야.
이렇게 생물체에 의해 만들어진 가스를 '바이오가스'라고 해.
버려지던 바이오가스로 전기를 생산하다니, 대단하지?

《강아지똥》 이야기 알지?
가장 쓸모없어 보이는 강아지똥이
아름다운 꽃을 피워 냈다는 이야기 말이야.

농사만 짓던 옛날에는
사람과 가축의 똥이 아주 좋은 거름이었어.
산업화 사회가 되면서 똥이란 똥은 죄다 쓸모가 없어졌지.

그런데 오늘날 독일의 한 마을에서
가축의 똥과 오줌으로 전기를 만들기 시작했어.
가축 분뇨로 생길 오염을 막고
에너지를 만들 수 있으니 일거양득인 셈이지.

친환경 에너지는 환경을 해치지 않는 에너지를 말해.
석유와 석탄처럼 이산화탄소를 발생시켜 대기를 오염시키지 않는
에너지야. 그렇다면 자연의 어디에서 에너지를 얻을 수 있을까?
아는 대로 써 보자.

예) 태양 에너지 - 태양의 열과 빛을 이용한 에너지

친환경 에너지로 '바이오에너지'가 있어. 나무나 작물, 해조류,
음식물 쓰레기와 폐식용유를 이용해서 에너지를 만드는 거야.
우리가 먹는 콩, 보리, 옥수수도 에너지로 바뀔 수 있다는 말이지.
네가 생각하기에 또 어떤 것이 에너지가 될 수 있을까?
너만의 친환경 에너지를 만들어 보자.

예) 사람 똥으로 만드는 에너지 - 화장실 변기에 특수 장치를
　　설치한다. 똥을 활용해 만든 전기에너지로 휴대폰을 충전한다.

재활용과 새 활용

이 예술작품이 쓰레기로 만든 거라고?

진짜 아름다운걸.

한 번 쓰고 버리자니 아까워.

환경예술가들은 심각한 환경문제를 알리기 위해 땀을 흘려.
어떤 환경예술가는 결혼을 약속한 연인에게
플라스틱으로 만든 하트를 선물했다고 해.

일회용 컵이 분해되는 시간 20년,
캔이 분해되는 시간 100년,
스티로폼이 분해되는 시간 500년.

천 년 뒤 지구에는 나무보다 쓰레기가 더 많을지도 몰라.
그래서 사람들은 쓰레기를 다시 활용하여
새로운 물건을 만들기 시작했어.

버리는 옷으로 가방을 만들고,
다 쓴 유리병으로 귀걸이나 목걸이를 만들지.
재활용이 되지 않는 화장품 용기는 점점 없어지고 있어.

투명하고 깨끗한 상태로 버린 페트병은 재활용할 수 있어.
그런데 페트병에 비닐 라벨이 붙어 있으면
재활용이 어려워져.

그래서 2020년부터 우리나라는 생수에 비닐 라벨을
붙이지 못하게 했어.

라벨 하나 떼어 내는 작은 일이 환경을 지키는 큰일이 돼.

이렇게 작은 것부터 하나하나 고쳐 나가다 보면
미래의 환경은 점점 나아질 거야.

'버리는 사람 따로, 치우는 사람 따로.' 설이나 추석 명절에 쓰레기가 잔뜩 쌓여 있는 걸 봤을 거야. 모든 사람이 쉬는 때라 쓰레기를 수거하지 않아서 그렇지. 게다가 명절 선물은 왜 그렇게 포장을 많이 하는지. 종이 상자, 플라스틱, 스티로폼, 비닐 등 내용물보다 쓰레기가 더 많아 보여. 생활 쓰레기를 줄이는 방법을 고민해 보자. 어떤 방법이 있을까? 세 가지를 써 봐.

예) 과자 두 번 이상 포장(종이 상자, 비닐 등)하지 않기
① _____
② _____
③ _____

지금은 종류별로 쓰레기를 분리하여 버리고 있어. 쓰레기가 점점 쌓여서 쓰레기를 묻을 수 있는 땅도 줄어들고 있어. 이러다가 쓰레기 더미 속에서 살아야 할지도 몰라. 미래에는 쓰레기를 어떻게 버리고 처리하게 될까? 너의 번뜩이는 생각을 말해 줘.

미세먼지와 대기환경

얼마 만에 마스크를 벗었는지 몰라.
마스크 쓰지 않는 날이 빨리 오면 좋겠어.

마스크 벗을 날을 기다려.

미세먼지와 황사 때문에 써야 하는 마스크.
마스크를 쓰면 사람과 사람 사이에 벽이 생기는 것 같아.
누구인지도 잘 모르겠고 말이야.

띠링, 긴급문자가 왔다는 알림음이 들려.
그런데 다른 때와 좀 달라.
스마트폰을 보니 이렇게 쓰여 있어.

"오늘은 마스크 벗는 날, 맑은 공기를 마음껏 마셔도 좋습니다."

집 밖을 내다 보니 이미 친구들이 나와 있어.
서둘러 옷을 챙겨 입고 신발을 신었어.

현관문에 걸린 마스크를 오늘은 챙기지 않아도 돼.
친구들을 만나 놀이터에서 신나게 놀 생각을 하니 벌써 설레.

몇 년 전부터 생각지도 못한 미세먼지가
우리를 괴롭히고 있어.
'매우 나쁨, 나쁨, 보통, 좋음.'
그날의 예보에 따라 우리의 표정이 달라져.
잔뜩 찡그리기도 하고 밝게 웃기도 하지.

왜 이렇게 되었을까?
자동차, 발전소, 보일러 등에서
연료를 태울 때 생기는 배출물질 때문이야.

그러면 자동차, 발전소, 보일러를 없애야
미세먼지가 없어질까?
미래에는 건강을 어떻게 지켜야 할까?

미세먼지로 뿌예진 하늘을 보면 마음도 답답해져. 맑고 푸른 하늘이 우리 마음을 들뜨게 하는데 말이야. 미세먼지는 눈에 보이지 않을 만큼 아주 작은 탓에 호흡기를 거쳐 폐로 들어가. 혈관을 따라 몸 깊숙이 들어가 심각한 병을 일으키기도 해. 호흡기가 약한 어린이나 노인이라면 반드시 피해야 해. 이 문제를 해결하려면 역시 화석연료 사용을 줄여야 한다는 거야. 인류에게 큰 도움을 준 화석연료가 오히려 인류에게 해가 된다니 어떻게 이럴 수 있을까? 미세먼지를 피할 방법을 생각해 보자.

예) 일기예보 확인하기
① _____
② _____
③ _____

미래에도 미세먼지는 큰 문제가 될 거야. 화석연료를 쓰는 발전소와 공장을 없애지 않는 한 말이야. 정부와 과학자들은 화석연료를 대체할 신재생에너지 비율을 늘려야 한다고 말해. 신재생에너지에는 두 가지가 있어. 연료 전지와 수소 에너지 등의 신에너지, 태양열과 풍력 등의 재생에너지야. 네가 생각하기에 어떤 에너지가 미세먼지를 확실히 줄일 수 있을 것 같아? 생각나는 대로 써 봐.

_____
_____

숲과 녹지 가꾸기

우리 동네에 숲이 우거진 멋진 공원이 생긴대.
자주 산책하러 가야겠어.

숲은 산소 생산공장이야.

참 기쁜 소식이네.
울창한 나무 아래서 친구와 마주 앉아 이야기해 봐.
숲 내음을 실컷 맡으면 몸과 마음이 건강해질 거야.

이제부터 아파트를 지을 때는
반드시 숲과 녹지를 만들어야 한다고 해.
산을 마구잡이로 깎아서 집을 지으면
무거운 처벌을 받게 된다는 거야.
자연 친화 아파트가 인기를 끌고 있어서 그런가 봐.

아파트에 사는 사람들도
높은 층보다 낮은 층을 더 좋아해.
낮은 층에 살면 자연과 더 가까워질 수 있으니까 말이야.

그나저나 아파트는 더 낮아지면 안 되는 걸까?

우리의 미래가 앞에서 쓴 대로 펼쳐진다면 얼마나 좋을까?
눈이 닿는 곳마다 숲과 녹지가 있다면
사람들 마음은 훨씬 더 여유로워질 거야.

안타깝게도 지금 우리나라의 산은 야금야금 허물어지고 있어.
그 자리에 높은 아파트가 들어서고 있지.

다행인 것은 아파트 전체에 나무를 심으려는 꿈이
진짜 이뤄졌다는 거야.

실제로 중국의 한 아파트는 거대한 숲 아파트가 되었어.

나무가 빼곡하게 심긴 아파트를 보며 세상 사람들은 놀라워했어. 그런데 문제가 생겼어. 사람들이 그 아파트에 살지 못했다는 거야. 온갖 벌레와 벌레가 옮기는 병 때문에 두려워진 거지.
나무들을 가꿔 줄 사람이 없자 '밀림 아파트'가 되고 말았대.
숲 아파트에 대해 좀 더 깊이 생각해야 했던 거야. 숲이 없어 삭막한 마을에 숲을 만든다면 어떻게 만들고 싶어? 우리 집을 중심으로 동네 지도를 그리면서 숲과 녹지가 들어설 곳을 표시해 보자.

〈숲이 우거진 미래의 우리 동네 지도〉

'지구의 허파'라고 불리는 남아메리카의 아마존 밀림이 점점 사라지고 있어. 녹색의 땅이 황토색 땅으로 변한다는 거야. 값비싼 금을 얻기 위해 마구 파헤친다고 해. 금을 찾으려고 3~4미터가량 구덩이를 판 다음 물을 채우는데, 그렇게 만들어진 수많은 웅덩이가 햇빛에 반사되어 눈부시게 빛나고 있어. 숲보다 중요한 게 금일까? 네 생각은 어때?

가상화폐와 블록체인

이번 설날에는 가상화폐로 세뱃돈을 받았어.
낯설긴 해도 기분은 좋아.

동전과 지폐가 사라진다면….

눈에 보이는 돈과 보이지 않는 돈은 차이가 있긴 해.
그래도 그 가치는 변하지 않을 거야.
어떤 돈이든 받으면 입꼬리가 올라가잖아.

동전과 종이로 만든 돈이 생기기 전에는
쌀, 소금, 금, 은 등이 돈 역할을 했어.

미래에는 디지털 신호로 만든 가상화폐가
동전과 지폐를 대신할 수도 있어.

눈에 안 보이는데 어떻게 돈이 되냐고?
돈이란 사람들 사이의 믿음을 바탕으로 만들어진 거야.

눈에 보이든 안 보이든 신뢰를 바탕으로
값어치 있는 것을 주고받는다면 그게 돈이 된다는 말이야.
좀 어려운 얘기지?

마트에서 물건 살 때 포인트가 적립되는 걸 본 적 있지?
적립된 포인트는 나중에 또 물건 살 때 쓰기도 해.
지금은 마트에서 주는 포인트를 마트에서만 쓸 수 있어.

그런데 가상화폐가 널리 사용되면 어디든 쓸 수 있게 될 거야.
문제는 디지털로 만든 돈이니까 안심할 수 없다는 거지.

그 문제를 해결할 기술이 '블록체인'이야.
내 전자 지갑에 암호를 단단히 걸어 주는 거지.

지금의 동전과 지폐가 가상화폐보다 좋은 점은 무엇일까?
또 가상화폐가 지금의 동전과 지폐보다 좋은 점은 무엇일까?

① 동전과 지폐의 좋은 점

　예) 눈으로 확인할 수 있어 좋다.

② 가상화폐의 좋은 점

　예) 안 가지고 다니니 편하다.

지금의 동전과 지폐가 가상화폐보다 안 좋은 점은 무엇일까?
또 가상화폐가 지금의 동전과 지폐보다 안 좋은 점은 무엇일까?

① 동전과 지폐의 안 좋은 점

　예) 지폐는 하나하나 세어야 해서 불편하다.

② 가상화폐의 안 좋은 점

　예) 만약 해킹이라도 당하면?

온라인 상거래

옷가게 갈 일이 없어. 실제처럼 입어볼 수 있게 되었거든.
말 한마디로 말이야.

귀여운 청바지 찾아줘!

말 한마디면 상품 주문 끝!

벌써 그 정도까지 되었어?

인터넷에서 옷 사면 안 맞아서 반품하는 경우가 많았는데 말이야.

입어 보지 않아도 네게 딱 맞는 옷을 살 수 있겠다.

온라인 상거래는 가상 공간에서 물건을 사고파는 일이야.
몇 년 사이에 정말 빠르게 발전해 왔지.

세상의 모든 물건이 인터넷 상점에 다 있어.
네가 원하는 물건을 찾을 때 일일이 검색할 필요도 없어.
인공지능이 네 취향을 잘 알고 있거든.

너는 그냥 말 몇 마디만 하면 돼.
하지만 충동구매는 하지 않았으면 해.
계획을 세워 현명하게 소비하자.

전날 밤에 물건을 주문하면
다음 날 새벽에 받는 시대에 살고 있어.
정말 다양한 물건이 온라인에서 거래돼.
어떤 물건까지 인터넷에서 팔릴까?

개인과 개인 사이에도
온라인 거래가 활발히 이뤄지고 있어.
온라인 중고 장터에 자기 물건을 올려서 팔고 있잖아.

그렇다면 미래에는 오프라인 상점이 사라질까?
물건값을 두고 흥정하는 모습을 볼 수 없게 될까?

네가 가진 물건 가운데 온라인 중고 장터에 팔고 싶은 게 있어?
그 물건값을 얼마로 정하고 싶어?

예) 어릴 때 본 그림책 - 3,000원
_____

온라인으로 거래할 때 가장 중요한 것은 신용이야. 서로 믿어야
안심하고 거래할 수 있지. 사진으로 봤을 때는 흠집 없이 멀쩡했는데
막상 물건을 받고 나서 실망할 때가 있었을 거야. 네가 판매자라면
소비자들이 어떻게 너를 믿고 물건을 사게 할 거야?

예) 흠집 있는 부분까지 정확하게 알려 준다.
_____

지금보다 온라인 상거래가 더 활발해지는 미래에는 지금과 다른
상점이 등장할지도 몰라. 미래에는 어떤 색다른 상점이 생겨날까?
세 가지만 써 봐.

예) 로봇을 파는 상점
① _____
② _____
③ _____

스마트 농법

올해 비가 적게 내렸지만, 생산량이 줄지는 않을 거야.
똑똑한 농사 도우미가 있거든.

첨단 농법으로 풍년을 기대해.

점점 농사짓는 사람이 줄고 있어.
하지만 똑똑한 농사 도우미 덕분에
농작물이 부족해지지 않아서 다행이야.

여기는 스마트팜, 말 그대로 똑똑한 농장이야.
이곳에서는 사물 인터넷과 빅데이터, 인공지능을 이용해
농사를 지어.

여러 가지 첨단 장비는 농작물이 잘 자라도록
온도와 습도를 맞춰 줘.
게다가 농부가 직접 농장에 가지 않아도 돼.
집에서 컴퓨터와 스마트폰으로 관리할 수 있으니까.

그렇다고 농사가 쉬운 일은 절대 아니야.
어떤 작물을 심고 가꿀지는 늘 연구해야 하니까.

'식물공장'이라고 들어 봤어?
아직 연구하는 단계이지만,
미래의 농사를 미리 들여다볼 수 있는 곳이야.

식물공장에서는 LED를 활용해서 식물을 키워.
LED는 식물이 광합성 작용을 하도록 빛과 에너지를 주지.

또 꽃이나 열매를 맺을 때는 신호를 줘.
그러면 가뭄이나 홍수에도 잘 자랄 수 있을 거야.

언젠가 우리의 주식인 쌀도 이렇게 재배하게 되지 않을까?

농사일은 아주 힘들어서 요즘 사람들이 하지 않으려고 해. 땀 흘려 열심히 일해도 대가가 적으니까. 농사짓는 사람들에게 고마움을 전할 방법으로 뭐가 있을까?

   예) 외국산 쌀보다 우리나라 쌀 구매하기

네가 만약 스마트팜을 운영하는 농부라면 어떤 기계와 장비로 농사를 짓고 싶어? 이를테면 '수확할 때 로봇을 쓴다.'처럼 너만의 농사 방법을 생각해 보자.

   예) 스마트폰으로 농작물의 사진을 찍어 컴퓨터에 보내서 컴퓨터가
     상태를 알려 주게 한다.

미래에는 지구의 인구가 지금보다 더 많아질 거야. 그러면 식량 문제도 훨씬 심각해지겠지? 첨단 기술이 미래의 식량 문제를 해결할 수 있을까? 네 생각을 간단하게 써 봐.

4차 산업혁명 시대의 새로운 직업

재판장님, 이 로봇은 오히려 사람에게 해가 됩니다.
잘 판단해 주십시오.

내 꿈은 기술윤리 변호사야.

어떤 면이 사람에게 해가 되길래

재판까지 하게 되었을까?

실력 있는 변호사니까 확실한 증거를 갖고 있겠지?

법정에서 나온 얘기를 잠깐 들어 볼까?

이 사건은 로봇 주인이 로봇을 판 회사를 고소한 사건이야.
로봇이 주인의 말을 안 들었다고 해.
해야 할 일을 하지 않고 틈만 나면 게임만 하고 놀았대.

로봇 회사의 변호사는 증거를 대라고 하네.
그런데 로봇의 블랙박스가 망가져서 증거를 댈 수 없다는 거야.

재판장은 로봇 주인과 로봇 회사 중 어떤 편의 손을 들어 줄까?

기술윤리 변호사는 미래의 새로운 직업이야.
사람과 로봇, 인공지능 사이에서 중재자 역할을 해.

미래에 로봇과 함께 살게 된다면 분명히 다툼이 생길 거야.
그때 기술윤리 변호사에게 도움을 받는 거지.

과학 기술이 무조건 득이 되는 건 아니야.
누군가는 과학 기술로 돈만 벌 궁리를 하거든.

과학이 발전할수록
세상을 뒷받침해 주는 도덕과 윤리가 중요해지는 법이야.

먼 훗날, 로봇이 사람과 거의 비슷해진 모습을 상상해 본 적 있어? 공상과학영화처럼 로봇이 사람처럼 생각하고 말하고 행동하는 세상이라면 어떨 것 같아? 다투지 않고 사이좋게 잘 지낼까, 아니면 여기저기에서 문제가 터질까?

미래에 벌어질 사람과 로봇 사이의 문제를 생각해 봐. 사람과 로봇은 상대방을 어떻게 생각할까? 사람일 때와 로봇일 때로 나누어서 어떻게 생각할지 글로 표현해 보자.

① 사람의 생각

예) 로봇의 겉모습이 사람이라 해도 사람이 되는 건 아니다. 로봇은 사람이 필요해서 만든 거니까 사람과 같아져서는 결코 안 된다.

② 로봇의 생각

예) 나는 늘 사람에게 명령만 받으니 억울하다. 그래서 사람처럼 우리 로봇도 자유롭게 해 달라고 요구하겠다.

기술윤리 변호사 되기 위해서는 어떤 공부를 해야 할까? 생각나는 대로 써 보자.

기본소득제 도입

새 로봇이 계속 나와서 일자리가 줄고 있어.
그나마 기본소득이 있어 다행이야.

누구나 매달 돈을 받는다고?

일자리가 줄어들면 앞날이 막막해지잖아.
기본소득은 경제 문제로 쓰러지지 않게
받쳐 주는 버팀목처럼 보여.

기본소득은 아무 조건 없이 일정한 현금을
누구에게나 주는 것을 말해.
일하든 일하지 않든 상관없이 말이야.
이제 조금씩 시작하려고 해.

적은 돈이긴 해도 사람으로서 누려야 할
기본권을 지킬 수 있게 도와주지.
특히 일자리를 잃은 사람들에게 작은 희망이 되고 있어.

물론 아직도 많은 사람이 기본소득을 반대하고 있어.
세금을 많이 내야 한다고 말이야.

몇몇 나라에서 기본소득에 대해 실험을 했어.

스위스에서는 기본소득 조항을 헌법에 넣으려고
국민투표를 했는데, 반대가 훨씬 많아서 이뤄지지 못했어.

핀란드에서는 오랫동안 일자리를 구하지 못한 사람들에게
기본소득을 지급했지.
1년 넘게 실험한 다음에 실제로 하지는 않았어.

너는 어떻게 생각해?
네가 어른이 된 미래에는 누구나 매달 기본소득을 받게 될까?

몇 년 전, 서울의 한 지하 방에 세 들어 살던 가족 세 명이 스스로 목숨을 끊었어. 식당에서 일하는 어머니는 병든 큰딸, 아르바이트하는 작은딸과 함께 살고 있었지. 목숨을 끊기 한 달 전에 어머니는 몸을 다쳐 일을 그만두게 되었어. 살 길이 막막해지자 결국 불행한 선택을 했지. 이 가족은 아무런 복지 혜택을 받지 못했어. 미래에도 이런 비극은 멈추지 않을 거야. 열심히 일해도 살기 힘든 사람들을 위해 어떤 복지정책이 필요할까? 네 생각을 글로 써 보자.

기본소득에 대한 네 생각을 듣고 싶어. 찬성한다면 왜 찬성하는지, 반대한다면 왜 반대하는지 네 생각을 밝혀 봐.

① 찬성

예) 로봇이 사람 일을 대신하게 되면 사람이 할 일이 없어져서 가난해질 것 같다. 그래서 찬성한다.

② 반대

예) 일하지 않고 돈을 받는 건 안 된다. 사람들은 모두 게으름뱅이가 될 것이다.

3D 프린팅으로 제품 생산

내가 만든 초콜릿이 불티나게 팔리고 있어.
힘들어도 마음은 날아갈 것 같아.

3D 프린터로 물건을 만들어.

미래는 무엇보다 창의력이 필요한 시대라잖아.
창의력이 풍부한 네가 드디어 빛을 보는구나.
축하해.

3D 프린터가 있으면,
나만의 아이디어로 참신한 물건을 만들 수 있어.

소비자가 원하는 물건을 맞춤형으로 만들 수도 있지.

가장 좋은 건 사람이 힘을 들여 물건을 만들지 않아도 된다는 거야.

사람이 창의력을 발휘하여 새로운 아이디어를 내면,
3D 프린터가 뚝딱 찍어 내거든.

그래서 물건을 대량으로 만드는 공장이 점점 줄어들지도 몰라.
1인 기업 시대가 온다고 할까.

3D 프린터는 다양한 소재로 물건을 만들어.
플라스틱, 고무, 금속, 세라믹 등으로 말이야.
가방을 만든다면 면이나 가죽을 소재로 쓰겠지.

현재 3D 프린터는 의료 분야에서 활발하게 쓰이고 있어.
인공 관절, 인공 치아, 인공 귀 등을 만들어서
몸이 불편한 이들에게 큰 도움을 줘.

사람마다 몸의 각 부위 생김새며 크기가 다르잖아.
3D 프린터 덕분에
그 사람에게 딱 맞는 맞춤 물건을 만들 수 있는 거야.

3D 프린터는 입체 모양의 물건을 인쇄하는 기계야. 기계에 설계도를 입력하면 기계가 위아래로, 좌우로, 앞뒤로 움직이며 실제 물건을 만들지. 신기한 이 기계의 장점으로 뭐가 있을까? 세 가지를 써 보자.

예) 내 생각대로 물건을 만들 수 있다.
①
②
③

미래에 네가 1인 기업의 대표가 된다면, 어떤 물건을 3D 프린터로 만들어서 팔고 싶어? 한 가지 물건을 정한 다음, 그 물건의 설계도(모양)를 그려 보자. 예쁜 가방을 만들고 싶다면, 어떤 가방인지 그림으로 그려 보는 거야.

차별 없는 사회 실현

내 친구 아빠는 아프리카에서 왔어.
주말에 친구와 아프리카 춤을 추며 놀았지.

차별의 벽을 치우자.

아프리카 전통춤이라니! 진짜 신나고 재밌었겠다.
그나저나 피부색에 대한 편견 없이
친구를 사귀어서 보기 좋아.

2100년.
사람들은 옷 대신 타이타늄 옷을 입기 시작할지도 몰라.
'아이언맨'처럼 말이야.

그리고 때로는 가면으로 얼굴을 가려서
아시아 사람인지, 유럽 사람인지, 아프리카 사람인지
전혀 알 수 없게 될 거야.
첨단 과학 기술이 인종차별 의식을 점점 없애겠지?

그렇다고 차별이 완전히 없어질까?
누가 더 좋은 특수 옷을 입었는지에 따라 차별하지는 않을까?

인종차별 사건은 현재도 자주 일어나.
단순히 깔보는 게 아니라 폭력에 살인까지 하잖아.
피부색 때문에 벌이는 그런 짓은 절대 용서할 수 없어.

과학 기술이 과연 차별을 없앨 수 있을까?

로봇 팔과 다리는 불편한 몸을 대신하니까
장애인에 대한 차별을 줄여 줄 수 있을 거야.

그러나 모든 차별을 없애지는 못할 거야.
잘못된 차별 의식을 먼저 없애는 게 가장 중요하지.

차별은 남과 경쟁하여 살아남아야 한다는 생각에서 비롯되었어. 지금보다 훨씬 살기 어려웠던 옛날에 차별 의식이 생겨난 건 어쩔 수 없어. 동물의 세계처럼 강한 자만 살아남는 때였으니까. 하지만 지금은 그렇지 않잖아. 굳이 비교하고 경쟁하지 않아도 충분히 살 수 있잖아. 혹시 너도 마음속으로 무시하고 깔보는 친구가 있니? 솔직하게 말해 보고 앞으로는 그런 생각을 멈추길 바라.

예) 우리 반에서 말을 좀 어눌하게 하는 아이, 가난한 나라에서 온 아이

발전한 과학 기술이 차별 의식을 없애는 데 어떤 도움을 줄까? 세 가지를 써 보자.

예) '자율주행 자동차'는 다리가 불편한 장애인이 가고 싶은 곳에 가도록 도와준다.
'시각장애인 도우미 로봇'은 시각장애인들에게 눈이 되어 준다.
①
②
③

87

약자를 배려하는 복지정책

혼자 사시는 어르신 댁에 봉사하려고 왔어.
아직도 힘들게 사시더라고.

여전히 약한 이들이 있어.

주변을 구석구석 살펴보면,
힘들게 사는 사람이 많다는 걸 알게 돼.
경제가 발전한다고 모두 잘 사는 건 아니니까.

'취약 계층 빅데이터 드디어 최종 완성!'
오늘 나온 뉴스 가운데 가장 눈에 띄는 뉴스야.

뉴스를 자세히 읽어 봤더니
빅데이터를 만들기 위해 오랫동안 노력했대.
복지 담당 공무원들이 발로 뛰면서 데이터를 만들었다고 해.

앞으로는 병을 앓거나 사고를 당하거나 일자리를 잃은 가정이
더 큰 위기에 빠지지 않도록
미리 복지 서비스를 제공할 거라고 해.

과학 기술의 장점 가운데 하나가
앞날을 예측할 수 있다는 거야.
슈퍼컴퓨터가 날씨를 예측하는 것처럼 말이지.

빅데이터와 인공지능 기술을 이용해
그늘진 곳에 있는 약한 이들을 찾아내어
도움을 줄 수 있다면 세상이 좀 더 밝아지지 않을까?

그러나 과학 기술에 너무 의존해서는 안 돼.
미래에도 약자를 배려하는 건
결국 사람의 따뜻한 마음이니까.

'약한 사람'이라고 하면 우선 어린이를 들 수 있어. 어린이는 자신을 스스로 보호할 수 없고 혼자 살 수 없으니 반드시 어른의 보살핌을 받아야 해. 그런데 어린이에 대한 인권 침해는 없어지지 않고 있어. 부모에게 학대당하고, 돈이 없어 학교에 가지 못하고, 굶주리기도 해. 가난한 나라의 어린이들은 힘든 노동에 시달리기도 하지. 미래의 어린이는 어떤 모습이어야 할까? 어떻게 해야 어린이의 인권을 지킬 수 있을까?

예) 어린이만 보호하는 로봇이 있으면 좋겠다.
어린이가 보이면 자동으로 멈추는 자동차가 나오면 좋겠다.

약한 이들을 도와야 하는 이유는, 그들에게도 사람답게 살 권리가 있기 때문이야. 나날이 발전하는 과학 기술은 자칫하면 형편이 나은 사람들에게만 혜택이 될 수 있어. 미래에 로봇 시대가 온다고 생각해 봐. 돈 많은 누구는 최고급 로봇을 살 수 있지만, 돈 없는 누구는 아예 로봇을 살 수 없잖아. 과학 기술의 혜택이 골고루 뿌려지면 얼마나 좋을까? 미래에 네가 사회복지사가 된다면 가장 먼저 누구를 찾아가 도움을 주고 싶어?

예) 혼자 힘들게 아이를 키우는 한부모 가정

고령화 현상과 인구 감소

할머니가 100세 생신을 맞이하셨어.
건강하게 오래 사시면 좋겠어.

아이는 줄고 어르신은 늘고….

옛날에는 만 60세가 되면 환갑잔치를 했잖아.
60년 동안 산 것을 기뻐하고 축하한 거야.
100세 생신 잔치는 뭐라고 불러야 할까?

의학 기술이 눈부시게 발전한 덕에
사람의 수명은 계속 늘어나고 있어.

2020년 우리나라 사람의 평균 기대수명은 82.8세였는데,
80년 후인 2100년에는 92.5세가 될 거라고 해.
거의 10년이 늘어나는 셈이지.
100세 넘게 사는 사람이 많아진다는 뜻이야.

그런데 말이야,
살아야 할 시간이 많아지면 뭘 하고 살아야 할지 걱정도 많아져.
지금도 생계를 유지하기 어려운 노인이 많거든.

현재 우리나라는 노령사회야.
태어나는 아이 수와 세상을 떠나는 어르신 수가
같이 줄어들어서 그래.

그런데 노인 인구가 많아지면
젊은이들이 불만을 가질 수 있어.
점점 늘어나는 노인을 돌보기 위해
더 많은 비용을 내야 하거든.
게다가 일할 수 있는 노인을 위한 일자리도 충분하지 않아.

건강하게 오래 살게 되었는데 문제가 생긴다니,
이 문제를 어떻게 풀어야 할까?

우리나라에서는 오랫동안 자식이 부모님을 모셔왔어. 아름다운 전통이었지. 그런데 이런 문화가 점점 바뀌고 있어. 요양원이나 요양병원 등 시설에서 생활하는 어르신이 늘고 있거든. 젊은 층이 줄고 어르신이 늘면 어르신을 직접 모시는 일이 어려워지게 돼. 네가 미래에 어른이 되면 네 부모님을 어떻게 모시고 싶어?

_____

_____

_____

대개 나이가 들면 기력이 떨어져서 일하지 못할 거라고 생각해. 그런데 100세 시대가 되어도 그럴까? 요즘에도 많은 어르신이 제2의 인생을 꿈꾸며 새로운 분야에 도전하고 있어. 네가 노인이 되면 어떤 일을 하며 행복을 느끼고 싶어? 70세 이후에 네가 하고 싶은 일을 다섯 가지 써 보자.

예) 그동안 쌓아온 역사 지식으로 문화재 설명하는 일 하기
①
②
③
④
⑤

주권자의 정치 참여

인공지능 판사를 거부하자는 운동에 동참하고 있어.
인공지능 재판은 말도 안 돼.

나는 당당한 주권자야.

판사가 인공지능이라니 선뜻 상상이 안 돼.
사람이 하는 재판이 공정하지 못해서
인공지능에게 재판을 맡겼나 보다.

'인공지능 재판을 거부합니다.'
인터넷 소통 공간을 후끈 달아오르게 한 문구야.

모든 국민을 상대로 투표하고 있는데,
찬성과 반대가 아주 팽팽해.
찬성 측과 반대 측이 한 치도 물러서지 않고
열띤 토론을 벌이고 있지.

투표가 끝나면 인공지능 재판에 대해 다시 결정할 거라고 해.
그런데 어느 쪽이 이기든 갈등은 쉽게 가라앉지 않을 것 같아.

인터넷은 민주주의 제도를 한층 더 발전시키고 있어.
인터넷 소통 공간에서는 누구나 자유롭게
자기 의견을 낼 수 있잖아.

억울한 일과 부당한 일이 있으면
사람들에게 널리 알려 잘못된 제도를 고치도록 하지.
많은 사람이 토론하여 문제 해결 방법을 찾아가는 거야.

인터넷이 더욱 발전할 미래에는
주권자가 더 당당하게 자기 의사를 표현하게 될 거야.

'청와대 국민청원'이라고 들어 봤지? 청원이란 국민이 어떤 문제가 해결되기를 바라는 마음으로 행정기관에 청하는 것을 말해. 이를테면 '아동 성폭력 범죄자 ○○○을 석방해서는 안 됩니다.'와 같은 거야. 일정한 수의 국민이 이 청원에 동의하면 행정기관은 답을 해 줘야 해. 청원의 내용이 누구나 공감할 만하다면 바라는 대로 이루어질 수 있어. 이 모든 것이 인터넷에서 이뤄지고 있지. 너라면 당당한 주권자로서 어떤 문제를 청원하고 싶어? 두 가지만 써 보자.

예) 길고양이 학대하는 사람들을 엄하게 처벌해 주세요.
① _____
② _____
_____

인터넷은 소중한 소통 공간이야. 그런데 자기 이름을 밝히지 않고 글을 올리는 탓에 악성 댓글 공격과 인격 모독 같은 못된 짓이 자주 일어나. 악성 댓글 때문에 스스로 목숨을 끊는 안타까운 사건도 보잖아. 미래에도 인터넷이 소중한 소통 공간으로 계속 발전하려면 어떤 노력을 해야 할까?

예) 악성 댓글을 다는 사람은 인터넷에 접속하지 못하게 막는다.
_____
_____

정보 평등하게 공유하기

큰돈 주고 정보를 사는 경우가 많아지기 시작했어.
무슨 대단한 정보일까?

공유하면 훨씬 평등해져.

옛날에는 힘 있는 사람이 정보를 몽땅 가지고 있었어.
정보 사회가 되면서 정보를 얻을 기회가 모든 사람에게 열린 거야.
그렇다고 활짝 열린 건 아니야.

정보를 공유하는 문제는 미래에도 계속될 거야.
양치기 소년을 예로 들어 볼까?
늑대에 관한 정보를 양치기만 가지면 어떻게 될까?
어떤 거짓말을 해도 믿을 수밖에 없지.

늑대가 나타나는 곳에 카메라를 설치하면?
양치기 소년은 거짓말을 할 수 없어.

그러니까 늑대에 관한 정보는 함께 공유해야 할 정보야.

네가 양치기 소년이라면 어떻게 할래?
정보를 혼자 가질까, 함께 나눌까?

정보를 공유해야 한다는 쪽과
정보를 움켜쥐고 통제하려는 쪽이 있어.
정보를 공유해야 한다는 쪽은 일반 시민일 테고,
정보를 움켜쥐고 통제하려는 쪽은
정부나 대기업 등 힘과 돈을 가진 쪽일 거야.

미래에 정보는 큰돈이 될 거야.
지금도 인터넷에 모인 개인정보를 사고파는
나쁜 사람들이 있잖아.

한 가지 확실한 것은
뭐든 혼자만 가지면 반드시 탈이 난다는 거야.

인터넷에 정보를 공유할 때는 저작권에 주의해야 해. 저작권이란 저작자가 창작한 저작물에 관해 갖는 권리를 말해. 이를테면 작가는 책, 화가는 그림, 작곡가는 노래에 대해 저작권을 가져. 곧 창작자의 창작물을 보호하려는 거지. 그림 잘 그리는 네가 네 그림을 SNS에 올렸다고 하자. 어떤 사람이 네 허락 없이 네 그림을 마음대로 퍼 날랐어. 그런 행위는 네 그림에 대한 저작권을 침해한 걸까?

지금 전자책이 나오고 있지만 그래도 많은 사람이 종이책을 읽어. 컴퓨터나 스마트폰으로 보는 글에는 어떤 장점이 있을까? 또 종이에 쓰인 글에는 어떤 장점이 있을까?

① 컴퓨터나 스마트폰으로 보는 글의 장점

예) 책은 가지고 다니기 불편하지만 스마트폰은 간편하다.

② 종이에 쓰인 글의 장점

예) 오래 읽어도 눈이 아프지 않고 편안하다.

새로운 공동체 형성하기

뭐든 혼자 할 수 있는 시대잖아. 여럿이 만날 필요 있어?
만나면 피곤한데….

여럿이 함께 어울리자.

혼자서도 할 수 있는 일이 많긴 해.
혼자 못하면 로봇과 인공지능이 도와주니까.
그렇다고 혼자서만 살 수 있을까?

요즘 우울증 환자가 늘고 있대.
인터넷이라는 가상 공간에서만 활동하는 사람이 많아져서 그래.

혼자 있어 편하긴 한데,
불쑥불쑥 올라오는 외로움 때문에 힘들다는 거야.

게다가 SNS로 과시하는 사람이 많다 보니까
자신이 너무 초라해 보인다고 해.

그래서 사람들 만나기를 더욱 꺼린다는 거지.
하지만 사람이란 함께 어울려 사는 '사회적 동물'이잖아.

미래의 공동체는 어떤 모습일까?
1인 가구가 늘어나는 걸 보면,
가족 중심의 공동체가 지속될 것 같지는 않아.

자동차와 열차 등 교통수단이 더욱 빨라질 테니
지역 중심의 공동체도 희미해지겠지.

1인 기업이 많아져서 회사 중심의 공동체도 적어지지 않을까?

그렇다면 어떤 새로운 공동체가 생겨날까?

더 자유롭고 평등하며
모두에게 도움이 될 공동체가 만들어질까?

언젠가 텔레비전에서 50명이 한집에 사는 대가족을 본 적이 있어. 그들은 피를 나눈 가족이 아니야. 가족이 아닌 사람들끼리 만나 가족을 이뤘지. 혼자 사는 사람들, 맞벌이해서 아이를 키우기 힘든 부부들이 모인 색다른 공동체야. 이런 공동체는 어떤 면에서 좋을까? 또 어떤 면에서 불편할까? 좋은 점과 불편한 점을 세 가지씩 써 봐.

① 좋은 점

　예) 아이를 서로 돌봐줄 수 있다.

-
-
-

② 불편한 점

　예) 혼자 쓸 수 있는 공간이 좁다.

-
-
-

네가 미래에 새로운 공동체를 만든다면 어떤 사람들과 함께하고 싶어?

　예) 나와 비슷한 취미를 가진 사람들

인공지능(AI)

바둑은 인공지능끼리만 겨루는 게임이 되어 버렸어.
바둑 기사가 되는 꿈은 접어야겠어.

컴퓨터가 사람처럼 되면?

벌써 그렇게 되었구나.
사람의 두뇌가 수많은 '경우의 수'를 다 기억하지 못하니까.
꿈을 접어야 하다니 안타까워.

"말벗, 신나는 음악 뭐 없을까?"
그러자 인공지능 '말벗'이 가장 신나는 음악을 알려 줘.

"그래 좋아. 그리고 나 지금 더워. 에어컨 좀 틀어 줘."
주인의 한 마디에 말벗은 바로 에어컨을 틀지.

말벗은 집안의 모든 전자기기와 연결되어 있어.
주인이 우울하거나 외로울 때면 대화 상대도 돼.

"말벗, 나 오늘 친구랑 싸웠어."
"저런, 마음이 많이 상했겠네요."

미래의 기술 가운데
인공지능이 가장 빠르게 발전하고 있어.
사물 인터넷 기술을 만나 기능이 더욱 좋아지고 있지.

지금도 인공지능 스피커는
사람 말을 알아듣고 명령을 수행해.

"오늘 날씨 알려 줘." 하면 바로 일기예보가 나오잖아.

아직은 알아들을 수 있는 말이 많지 않지만,
앞으로는 더 많은 명령을 알아듣게 될 거야.
사람의 감정까지 이해할 수 있을 만큼 말이야.

인공지능에는 두 가지가 있어. 강한 인공지능과 약한 인공지능. 강한 인공지능은 사람처럼 자유롭게 생각할 수 있어. 약한 인공지능은 사람이 시키는 것만 할 수 있지. 이세돌 9단과 겨루었던 바둑 프로그램 '알파고'가 바로 약한 인공지능이야. 걱정이 되는 건 아직 등장하지 않은 강한 인공지능이야. 사람처럼 자유롭게 생각하면 사람을 뛰어넘을 수도 있으니까 말이야. 너는 강한 인공지능에 대해 어떻게 생각해?

_____
_____
_____
_____

벌써 세계의 큰 은행은 주식을 사고파는 일을 인공지능에게 맡기고 있어. 반복되는 단순한 일은 사람보다 인공지능이 더 잘할 수 있으니까. 그렇다면 지금 사람이 하는 일 가운데 인공지능에게 맡겨도 좋은 일로 뭐가 있을까? 세 가지를 써 보자.

예) 음식점에서 주문을 받는 일
① _____
② _____
③ _____

빅데이터

사람 많은 곳은 딱 질색이야.
'한적한 곳 찾기' 앱으로 사람들을 피할 수 있어.

어디에 사람이 몰리는지 알지.

한적한 곳에서 생각에 잠기고 싶구나.
이름난 관광지에는 사람이 몰려 교통이 마비되곤 하잖아.
현명한 선택이야.

한적한 곳을 찾을 수 있는 건 빅데이터 덕분이야.
빅데이터는 글자 그대로 다양한 곳에서 수집한
어마어마한 자료를 뜻해.

컴퓨터의 저장 용량이 끝을 알 수 없을 정도로 커지면
데이터의 양도 그만큼 커질 거야.

빅데이터는 1차 산업혁명 시기의 '석탄'과도 같다고 여겨.
석탄으로 증기기관을 움직인 것처럼,
빅데이터로 미래의 스마트혁명을 이끈다는 뜻이야.

빅데이터가 어떻게 활용되는지 살펴볼까?

동네 병원에 가면 생년월일과 이름을 말하고 진료를 봐.
의사 선생님은 네가 전에 앓았던 병이 무엇인지,
언제 병원에 와서 어떤 약을 처방받았는지 다 알 수 있어.
어마어마한 건강보험 빅데이터가 쌓여 있어서야.

자주 들어가는 인터넷 상점에서 메일이 왔는데,
네가 원하는 상품을 꼭 짚어 알려 준 적 있지?
그것도 빅데이터를 활용한 거야.

빅데이터는 우리 삶 깊숙이 와 있어.

빅데이터를 활용한 분야는 앞으로 점점 많아질 거야.
새로운 질병을 예측하거나 슈퍼 태풍 같은 급격한 기후변화도 예측할 수 있지. 네가 생각하기에 또 어떤 분야에서 빅데이터를 활용할 수 있을까? 곰곰이 생각한 뒤 세 가지를 써 보자.

예) 어디에 차가 막히는지 예측하기(차량 흐름 파악)
① _____
② _____
③ _____

어떤 대학 교수님이 이런 말을 했어. "우리의 온라인 활동에서 나오는 데이터는 그냥 사라지지 않는다. 우리의 디지털 흔적을 모으고 분석하면 매년 1조 달러 규모의 산업이 된다. 우리는 이제 원자재가 된 것이다." 이 교수님은 우리의 온라인 활동이 누군가의 돈벌이에 이용되고 있다고 본 거야. 또 빅데이터가 해킹되면 엄청난 피해가 있을 거라고도 했어. 빅데이터를 나쁘게 이용하면 어떤 일이 벌어질까?

예) 누군가의 인터넷 검색 기록을 범죄에 이용할 수도 있다.
_____
_____
_____

가상 현실과 증강 현실

이곳은 우리 집의 가상 현실방.
돌아가신 할아버지를 가상 영상으로 만날 수 있어.

여기는 어디? 나는 누구?

돌아가신 할아버지를 살아 계신
모습으로 만나다니 정말 놀라워.
보고 싶을 때마다 가상 현실방에 들어가면 되잖아.

어제 올림픽이 개막했잖아.
개막 전에 가상 현실 헤드셋이 엄청나게 팔렸어.
그걸 쓰면 실제 경기장에서 관람하는 것처럼 느껴지거든.
관중의 함성과 선수들의 숨소리까지 말이지.
더욱이 선수들에게 응원을 보낼 수도 있어.

시간과 장소에 구애되지 않고
박진감 넘치는 경기를 볼 수 있어서 아주 좋을 것 같아.

그런데 이러다가 현실과 가상을 구분 못하면 어떡하지?

몇 년 전에 증강 현실 게임이 큰 인기를 끌었어.
게임을 실행하면 실제 장소를 배경으로
게임 캐릭터가 등장해.
사용자는 스마트폰을 조작해서 게임 캐릭터를 잡아내지.
인공위성의 위치 확인 기능과 증강 현실 기술이 합쳐져서
그런 게임이 나온 거야.

그런데 부작용이 생겼어.
게임 캐릭터가 등장하는 곳에 허락 없이 들어가려고 했거든.

게임은 게임일 뿐인데 말이야.

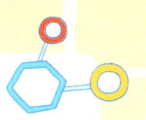

가상 현실과 증강 현실 기술은 사람의 상상력을 현실로 보여 준다는 점에서 흥미로워. 가고 싶어도 갈 수 없는 곳에 갈 수 있게 해 주고, 만나고 싶어도 만날 수 없는 사람을 만날 수 있게 해 주지.
너는 가상 현실과 증강 현실로 어디에 가고 싶어?
또 누구와 만나고 싶어?

① 가고 싶은 곳
　예) 지구 밖 행성
② 만나고 싶은 사람
　예) 한글을 만드신 세종대왕님

미래에는 가상 현실 박물관이 생길 수도 있어. 굳이 박물관에 가지 않고도 소중한 문화재를 관람할 수 있게 되겠지. 가상 현실 박물관에 전시하고 싶은 문화재가 있다면 무엇이야? 세 가지를 써 봐.

예) 경주에 있는 문무대왕릉. 바다에 있어 쉽게 볼 수 없으니 가상 현실 박물관에 전시하면 좋겠다.
①
②
③

생체 인식 기술의 발달

헉! 현관문 비밀번호가 바뀌었나 봐.
괜찮아, 눈동자를 보여 주면 되니까.

비밀번호 대신 눈동자를 보여 줘.

스마트 시대에 꼭 기억해야 할 것은 비밀번호야.

그런데 중요한 순간에 헷갈릴 때가 있잖아.

눈동자는 절대 변하지 않으니까 참 좋은 것 같아.

얼마 전에 공항의 보안 체계가 바뀌었어.
여태껏 출입국 심사를 할 때 지문 인식기를 썼는데,
이제는 홍채 인식기를 쓴다는 거야.
인구의 5% 정도가 지문이 없어서 그렇대.

홍채는 눈동자 주위에 있는 도넛 모양의 막을 말해.
사람마다 고유한 무늬가 있어서 식별 도구로 쓸 수 있어.
일란성 쌍둥이도 다른 무늬를 갖고 있다잖아.

'삐비빅' 센서가 네 눈을 감지하고 있어.

지문 인식 기술은 이미 널리 쓰이고 있어.
스마트폰의 잠금을 해제하거나 금융 거래를 할 때
엄지손가락만 지그시 누르면 돼.
아이디와 비밀번호를 하나하나 입력하지 않고도 말이야.

홍채 인식은 지문 인식보다 앞선 기술이야.
위조할 수가 없어 매우 안전한데,
눈을 갖다 대야 해서 불편하기도 해.

앞으로는 목소리나 걸음걸이로도
누군지 식별할 수 있게 될 거야.

지문이나 홍채 인식으로 절차가 간편해지면 그만큼 문제점도 커져. 보안을 강화하지 않으면 해킹당할 위험이 크다는 뜻이야. 결국 안전하게 사용하려면 불편해질 수밖에 없어. 지문 인식, 홍채 인식, 목소리 인식 등 보안 단계가 점점 많아질지도 몰라. 그러다 보면 비밀번호를 쓰던 예전이 그리워지는 건 아닐까? 아이디와 비밀번호를 입력해서 좋은 점과 생체를 인식해서 좋은 점은 각각 무엇일까?

① 아이디와 비밀번호 입력의 좋은 점

② 생체 인식 기술의 좋은 점

생체 인식 기술이 완벽한 건 아니야. 이를테면 성형수술로 얼굴을 고치고, 남의 지문을 복제하고, 남의 목소리를 녹음하면 보안이 쉽게 뚫릴 수도 있어. 기술이 발달할수록 지켜야 할 것은 나날이 늘어나. 그만큼 남을 믿지 못하는 경우도 늘어날 거야. 생체 인식 기술로 믿을 수 있는 사회가 되려면 어떤 노력을 해야 할까?

예) 다른 사람이 생체 인식을 할 때 멀찍이 떨어져 있어야 한다.

뇌 컴퓨터 인터페이스

이 헤드셋을 쓰면 손을 움직이지 않고도 생각만으로 게임을 할 수 있어.

뇌에 컴퓨터를 연결한다고?

뇌에서 나오는 신호로 게임 캐릭터를 움직이게 한다는 거지?
놀라운 기술이네.
집중력이 엄청나게 높아질 것 같아.

'뇌 컴퓨터 인터페이스'는 뇌에 기계를 직접 연결해서
컴퓨터나 기계를 직접 조작하는 시스템을 말해.

뇌파와 뇌세포의 전기 신경 신호로
휠체어, 인공 손과 인공 발, 로봇을 조작할 수 있는 기술이야.

사람의 생각을 분석해서 그에 알맞은 결과를 만들어 내.
그래서 생각하는 것만으로 게임을 할 수 있는 거지.

이러면 우리의 생각이 모두 드러나지는 않을까 걱정되네.

뇌 컴퓨터 인터페이스가 발전하면
몸이 마비된 사람에게 도움이 될 수 있어.

뇌 속에 아주 작은 칩을 넣어서 마비된 몸을 대신하는
여러 전자기기를 움직이도록 하는 거지.

뇌에 병이 생겨 말을 하지 못하는 사람이
자기 생각을 전할 방법이 되기도 해.

또 사람과 인공지능이 뇌파를 주고받으며
감정까지 소통할 수 있을 거라고 예상하지.

하지만 부작용이 없는 건 아니야.

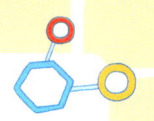

뇌 컴퓨터 인터페이스의 문제점은 뭘까? 사람이 기계와 연결되니까 사람인지 기계인지 헷갈리는 문제가 생길 수 있어. 또 생각을 읽을 수 있으니까 감추고 싶은 생각이 드러날 염려가 있지.
뇌에 컴퓨터나 기계를 연결하면 어떤 부작용이 생길까?
네 생각을 써 봐.

예) 사람이 기계에 조종당하지 않을까?
_____
_____
_____

현재 뇌 컴퓨터 인터페이스는 의료 분야에서 활발하게 활용되고 있어. 게임 분야에서도 활용되는데 '비싼 장난감'이라는 비판이 있어.
이 기술이 어느 분야에 활용되면 좋을까?

예) 말이나 글자로 표현할 수 없는 감정 전달하기
_____
_____
_____

유전자 연구

<u>바나나 멸종을 막아 냈다는</u> 기쁜 소식이야.
<u>유전자 가위 기술</u>로 해냈대.

아픈 부위의 유전자만 잘라 내.

달달한 바나나를 못 먹게 될까 봐 모두 걱정했잖아.
드디어 바나나를 죽이는 곰팡이를
없앨 방법을 찾았구나.

생명체에 들어 있는 유전자를 '생명의 설계도'라고 해.
이 설계도에 따라 생명체가 만들어지고 살아가게 되지.
누구도 이 설계도를 바꿀 수 없어.

그런데 모든 생명체의 염색체 안에는 특별한 가위가 있어.
'제한 효소'라는 단백질인데,
이게 바로 유전자를 잘라 내는 가위야.

이 유전자 가위로 생명체를 만들거나 멸종시킬 수 있다고 해.
대단한 가위가 아닐 수 없어.

사람이 유전자를 편집하게 되면 어떤 점이 좋을까?
병의 원인이 되는 곳을 꼭 집어 잘라 내면 병이 낫겠지.

반대로 나쁜 점은 무엇일까?
어쩌면 사람의 유전자를 동물의 유전자에 붙일지도 몰라.
이상한 생명체가 탄생할 수도 있다는 뜻이야.
생명의 탄생과 죽음은 신의 영역이라고 여겼는데 말이지.

사람이 삶과 죽음을 결정할 수 있다니 왠지 무서워.

영국의 한 대학교 생명윤리학자는 이런 말을 했어.
"그동안 인류 역사가 생존을 위한 유전자들의 진화 역사였다면,
이제 인간이 스스로 운명을 지배하는 새로운 국면에 들어섰다."
유전자 가위 기술로, 사는 것뿐 아니라 죽는 것까지 사람이 결정할 수
있다는 말이야. 네가 생각하기에 유전자 가위 기술은 인류에게
도움이 될까, 아니면 무시무시한 무기가 될까?

유전자 가위 기술로 불치병을 치료할 수 있다고 해. 기술이 더 발전하면
자신이 원하는 아기를 만들어 낼 수도 있대. 그러면 똑똑하고 잘생기고
병 들지 않는 완벽한 인간이 탄생하는 걸까? 유전자 가위 기술의
좋은 점과 안 좋은 점으로 뭐가 있을까? 생각나는 대로 써 보자.

① 좋은 점

　예) 영양소가 골고루 들어 있는 곡물을 만들 수 있다.

　　말라리아 병을 일으키는 모기를 완전히 없앨 수 있다.

② 안 좋은 점

　예) 사람이 신이 되려고 욕심을 부릴 수 있다.

　　나와 똑같이 생긴 복제인간이 나타나면 어떡하지?

우주 쓰레기 처리

긴급 재난경보!
우주 쓰레기 조각이 떨어질 수 있으니 대피하세요.

지구 밖 쓰레기를 청소하자.

우주에서 쓰레기 조각이 떨어진다고?
미래에 그런 일이 실제로 일어나면 큰 난리가 날 거야.
해결 방법이 있겠지?

지구 주위를 도는 쓰레기가 있어.
고장 나거나 수명이 다한 인공위성과 로켓의 파편,
우주정거장에서 버린 공구나 부품들이야.

버려진 쓰레기 양은 어마어마해.
10cm 크기 이하만 수십만 개라는 거야.

그런데도 헌 위성을 폭파하고
새 위성을 쏘아 올리는 일은 계속되고 있어.
이대로 가다간 쓰레기가 더 많이 쌓일 텐데.
그렇다고 위성을 안 쏠 수도 없고. 어떡하지?

지구 밖에 쓰레기가 쌓이는 것보다 더 큰 문제가 있어.
떠다니는 쓰레기가 다른 인공위성이나 우주정거장과
충돌할 수 있다는 거야.

충돌로 생긴 파편이 자칫 지구로 떨어지면
무시무시한 폭탄이 될 수 있거든.

쓰레기를 치울 방법으로 레이저 빗자루, 전자기 밧줄,
우주 끈끈이를 얘기하는데
아직 아이디어 차원에 머무르고 있어.

효과 좋은 방법을 빨리 찾으면 좋겠어.

우주 쓰레기를 처리하는 방법 가운데 레이저 빗자루가 있어.
지구에서 레이저 빔을 발사해서 쓰레기를 대기권 밖으로 멀어지게 하는 방법이야. 우주 끈끈이는 파리 잡는 끈끈이와 같아. 거대한 막을 우주에 띄워서 그 막에 쓰레기가 붙으면 지구로 돌아오게 하는 거지.
어떻게 하면 우주 쓰레기를 잘 치울 수 있을까? 상상력을 발휘해 봐.
황당한 생각이라도 괜찮아.

예) 진공청소기 우주선을 지구 밖으로 보내 쓰레기를 빨아들인다.
_____
_____

미래에는 '우주 쓰레기 수거 전문가'라는 새로운 직업이 생겨날 수 있어.
우주선을 타고 지구 밖으로 가서 우주 쓰레기를 가져오는 직업이지.
우주 쓰레기와 관련하여 또 어떤 직업이 생길 수 있을까?
세 가지를 써 보자.

예) 우주 쓰레기 레이저 요격 전문가
① _____
② _____
③ _____

우주 탐사와 우주여행

화성 여행 반값 이벤트가 밤 열두 시부터 시작해. 벌써 신청 사이트가 불통이야.

우주선을 타고 화성으로!

누구나 꿈꾸는 우주여행이니까 사람들이 몰릴 만도 하지.
평생 모은 돈을 화성 여행에
다 쏟아붓겠다는 사람도 있잖아.

지구 밖 우주는 어떤 모습일까?
끝도 없는 우주 공간에 떠 있는 느낌은 어떨까?
다른 행성에도 생명체가 살까?
인간은 다른 행성에서 살 수 있을까?
태양계를 벗어나 다른 은하계도 갈 수 있을까?
우주여행을 하려면 지금처럼 여권이 있어야 할까?

미래로 나아갈수록 우주에 관한 관심은 높아질 거야.

우주여행은 우주에 대한 호기심을 풀어 줄 첫 번째 열쇠겠지.

미국의 한 기업 대표는
화성 여행을 위한 우주선을 개발하고 있어.
쏘았다가 다시 제자리로 돌아오는
재사용 로켓을 계속 시험하고 있지.

그는 운이 좋으면 2025~27년에
사람을 화성에 보낼 수 있다고 예상했어.
사람들이 화성에 이주하여 생활하는 걸
최종 목표로 삼는다고도 했지.

그의 계획대로라면
머지않아 유인 우주선이
화성에 착륙하는 모습을 보게 될 거야.

지금 외국 여행을 하듯 먼 훗날 우주여행을 하게 된다면
넌 어디에 먼저 가고 싶어? 네가 가고 싶은 태양계의 행성이나 위성,
은하계를 순서대로 써 보자.

잠시 인류의 역사를 돌이켜 볼까? 인류는 새로운 교통수단을
개발해서 나라와 나라 사이를 좁혀 왔어. 자동차에서 고속열차,
그리고 비행기까지 말이야. 하늘을 날아다니는 자동차와 우주를
날아다니는 고속열차가 생긴다면 세상은 또 어떻게 변할까?
새로운 교통수단으로 변한 미래의 지구를 상상해 봐.
그런 다음 그림으로 그려 보자.

우리의 미래는 어떻게 펼쳐질까?

다가올 미래가 꼭 밝은 것만은 아니야. 빛이 있으면 어둠이 있는 것처럼, 과학 기술이 발전하면 좋은 점뿐 아니라 안 좋은 점도 생겨. 다음 질문을 잘 읽고 나서 네 생각을 솔직하게 드러내 봐. 우리의 미래는 우리 생각대로 펼쳐 나가야 하는 거잖아.

질문	대체로 그렇지 않다	보통이다	대체로 그렇다	항상 그렇다
인공지능과 로봇 기술이 생활을 더욱 편리하게 해 줄 것이다.				
자율주행 차와 드론이 많아지면 안전에 더욱 신경 써야 한다.				
거리에 CCTV가 많아질수록 사생활이 침해당할 수 있다.				
첨단 과학 기술은 나빠진 자연환경도 나아지게 해 줄 것이다.				
가상화폐가 편리하긴 하겠지만 큰 혼란도 있을 것 같다.				
사람이 해야 할 일이 줄어들면 살기가 점점 어려워질 것이다.				
새로운 전자기기가 나올수록 사람들은 과소비를 할 것이다.				
병 들지 않고 오래 사는 게 좋은 것만은 아닌 것 같다.				
인터넷은 시민이 주인인 민주주의를 계속 발전시킬 것이다.				
해킹 사고와 보안 문제로 큰 문제가 생길지도 모른다.				

글 이정호

서울에서 태어나 대학에서 교육학과 국어국문학을 공부했습니다. 2015년 제13회 푸른문학상 '새로운 작가상'을 받아 동화작가가 된 뒤, 어린이와 청소년을 위한 책을 쓰고 있습니다.

쓴 책으로 《달려라 불량감자》(공저), 《리얼 항공 승무원》, 《리얼 셰프》, 《조선에서 온 내 친구 사임당》, 《어린이를 위한 자존감 수업》, 《어린이를 위한 말하기 수업》, 《여기는 경성 모던방송국》, 《어린이를 위한 공동체 수업》, 《바나나 천원》, 《어린이를 위한 꿈꾸는 수업》, 《1920 알파걸》(공저), 《그해, 강화 섬의 소년들》 등이 있습니다.

그림 김잔디

대학에서 애니메이션을 공부했으며 지금은 프리랜서로 활동하며 어린이 책에 그림을 그리고 있습니다.

그린 책으로는 《리오는 학교에 가면 절대 안 돼!》, 《고마워 미안해》, 《솜솜이는 침쟁이》, 《꼼짝 마! 과학수사!》, 《어린이를 위한 글쓰기 수업》 등이 있습니다.

이 연구는 2006년도 경상대학교 연구년제연구교수 연구지원비에 의하여 수행되었음.

미군정기 지배구조와 한국사회

초판 1쇄 발행 2008년 12월 1일
2쇄 발행 2009년 10월 5일

저 자 이혜숙
펴낸이 윤관백
펴낸곳 선인

제 작 김지학
편 집 이경남 · 장인자 · 김민희
교정교열 김은혜 · 이수정
표 지 정안태
영 업 이주하

등록 제5-77호(1998.11.4)
주소 서울시 마포구 마포동 324-1 곶마루빌딩 1층
전화 02)718-6252 / 6257
팩스 02)718-6253
E-mail sunin72@chol.com

정가 · 40,000원
ISBN · 978-89-5933-146-8 93300

저자와 협의에 의해 인지 생략.
잘못된 책은 바꿔 드립니다.

미군정기 지배구조와 한국사회

해방 이후 국가-시민사회 관계의 역사적 구조화